MAKARIE
AUX ÉPINES

BABA MOUSTAPHA

MAKARIE
AUX ÉPINES

(Grand Prix du Concours Théâtral
Inter-africain 1973)

Les Nouvelles Editions Africaines
CLE

AUX ÉPINES

(Grand Prix du Concours Théatral
Inter-africain 1973)

© N.E.A./CLE
ISBN 2-7236-0438-1

PERSONNAGES

BARKA, jeune intellectuel makarien ayant toujours vécu en Europe.

NINA, amie de Barka, une makarienne très européanisée.

NYOBE, un vieil ivrogne.

ZIREGA, jeune intellectuelle ayant décidé de vivre au village, cousine de Nina.

LE PÈRE, Père de Zirega et oncle de Nina.

GORLOK, haute personnalité politique makarienne.

UN INSPECTEUR DE POLICE.

LA PRÉSIDENTE DU C.L.F.

LA PRÉSIDENTE DE LA L.A.M.J.

HIBINE, mari de la Présidente du C.L.F.

Invités et Invitées de Nina — Paysannes
du village de Zirega
Musiciens et danseurs.

La pièce se passe de nos jours en Makarie, pays imaginaire d'Afrique.

PERSONNAGES

BARRA, jeune intellectuel makarien ayant tou-
jours vécu en Europe.
NINA, amie de Barra, une makarienne très eu-
ropéanisée.
NYOBE, un vieil ivrogne.
ZERBA, jeune intellectuelle ayant décidé de
vivre au village, cousine de Nina.
LA PITIE, père de Zirega et oncle de Nina.
GORROK, haute personnalité politique maka-
rienne.
UN INSPECTEUR DE POLICE.
LA PRÉSIDENTE DU C.L.F.
LA PRÉSIDENTE DE LA LA.M.I.
HITANI, mari de la Présidente du C.L.F.
Invités et invitées de Nina — Paysannes
du village de Zirega
Musiciens et danseurs.

La pièce se passe de nos jours en Makaria,
pays imaginaire d'Afrique.

7

A ceux qui aboient, même si la caravane passe.

B. M.

C'est en écartant les synthèses hâtives et consolantes que nous approcherons de la véritable réconciliation mesurant enfin combien notre destin, pour hostile qu'il nous soit, est irrévocablement le nôtre et prenant sur nous le courage de l'aimer.

J.M. DOMENACH,
Le retour du tragique.

ACTE I

(La scène est plongée dans l'obscurité, à l'exception d'une petite partie de l'avant-scène où se tient le présentateur, un boy en tenue de service rouge.)

LE PRESENTATEUR

LE PRÉSENTATEUR

Nous sommes au Makarie. Pour vous éviter de vaines recherches, je m'empresse de préciser que ce pays ne figure sur aucune carte. Cependant il vous suffit d'imaginer une terre déserte, étendue sur des milliers de kilomètres, un vaste paysage de tragédie accablé de soleil rouge au réveil et d'épines effilées...

(*Lointaine et douloureuse romance d'une flûte.*)

Une immensité insipide où se dressent çà et là des arbres dénudés, pareils à de grands squelettes, des arbustes tourmentés, maigres et rabougris que les rares pluies ne peuvent pas rassasier. Imaginez ces mille et mille mains décharnées lancées vers le ciel en une vaste et douloureuse supplication.

Imaginez ce cri...

13

Ce grand cri déchirant et muet, figé comme une fatalité sous le ciel vide, vide, désespérément vide !

Et c'est pourtant là, sur cette terre sans vérité, sur cette mère sans mamelles qui étale sa nudité sous l'œil rouge du soleil ; et c'est pourtant là, sur cette immense désolation où même le chant des oiseaux ressemble à un vaste requiem, que vit le peuple de Makarie.

Le peuple de Makarie avec ses villes et ses villages jetés comme un pâle sourire sur la figure morte de la terre, le peuple de Makarie avec ses luttes tremblotantes au souffle chaud de l'harmattan où, le soir, brille la flamme ardente des feux de bois.

Le peuple de Makarie traînant son existence le long des jours brûlants des tropiques, tous, hommes, femmes, enfants et bétail semant, grattant, broutant la terre aride. Le peuple de Makarie marchant de jour, marchant de nuit, marchant des jours, des nuits, derrière l'herbe à peine broutée qui s'envole comme un mirage, loin, loin à l'horizon plat où il faut encore marcher, marcher, marcher.

(La flûte.)

Et la lointaine flûte, toujours présente, douloureusement présente parmi les épines, toujours et toujours présente malgré les épines.

Notre histoire commence dans un beau quartier où s'alignent des villas coquettes, avec des rues bitumées où klaxonnent des voitures luxueuses. Les rayons des lampadaires dansent dans les jardins. Nous sommes dans la villa de Nina, au salon.

(Toute la scène s'illumine montrant l'intérieur d'un salon ultra-moderne. Sur les murs des objets d'art nègre, masques, toiles représentant des danseurs torse nu, des statuettes en ivoire et en ébène et des gazelles de cuivre sur les tablettes, etc... les gens vont et viennent. Musique de fond lointaine et discrète. Le présentateur poursuit.)

LE PRÉSENTATEUR

Ces très distingués personnages qui brillent là-bas sous les lustres, sont des invités. Les hommes sont vêtus de costumes traditionnels, richement brodés, de smokings et de titres, les femmes rayonnent de bijoux et de fierté.

Ce soir, chez madame Nina, membre de la

Ligue Anti Mini-Jupe, membre du Comité de Libération de la Femme, on reçoit. Voilà, j'espère que vous ne vous ennuierez pas trop dans cette haute société.

(*Le présentateur se mêle aux invités.*)

SCÈNE 1

(Au salon. Les voix se détachent d'un fond musical très discret.)

NINA

Du champagne ou du whisky, mon cher Barka ? Il y en a pour tous les goûts, tu n'as que l'embarras du choix.

BARKA *(il porte des lunettes correctrices.)*

Du champagne, ma chère Nina, du champagne ! Ah ! je suis l'homme le plus heureux du monde !

NINA *(Aux boys.)*

Garçon, du champagne pour monsieur Barka.

(Un boy sert Barka. Nina s'adresse aux invités.)

Mesdames et messieurs, puisque tout le

monde est servi, levons notre verre pour fêter le retour de notre très cher Barka.

(L'assistance en chœur, les verres levés.)

Au retour de Monsieur Barka.

BARKA

Merci mes amis, merci. Mais je me demande si l'on peut parler de retour. J'appartiens, hélas, comme vous le savez, à cette catégorie d'hommes qu'un hasard malheureux fait naître loin de leur patrie.

UN INVITÉ

Qu'à cela ne tienne, mon cher Barka, il coule dans vos veines un sang purement makarien.

BARKA

Comme d'autres vont découvrir l'Occident, moi je viens découvrir la Makarie, ma terre.

(Applaudissements des invités.)

Je rends grâce à nos écrivains et poètes qui ont su, dans mon lointain exil, me faire connaître et aimer ce qui fait la valeur et le charme de notre civilisation.

(Applaudissements.)

Adieu capitales de l'occident, villes où se croisent sans se rencontrer des cœurs parallèles d'hommes murés dans leur voiture, derrière leur front ! Ah que de fois n'ai-je pas rêvé, cœur solitaire dans les foules mécaniques, d'un rayon de lune sur un torse nu offert aux caresses de la brise...

(*Applaudissements.*)

DEUXIÈME INVITÉ
Continuez, monsieur Barka.

BARKA
J'ai marché sous le regard cru et froid des lampadaires, j'ai marché dans les cités géométriques portant fièrement à la face des machines ,le repos et la fraîcheur, le calme et la paix de ma peau couleur de nuit.

(*Applaudissements.*)

Que de fois n'ai-je pas confié à la froide Europe mon rêve de grand soleil. Et dans ma cage de béton armé, que de fois n'ai-je pas senti battre mon cœur au rythme des villages perdus, fleurs des grandes nuits des tropiques.

UNE INVITÉE (*Applaudissant.*)
Où la lune glisse en silence sur son siège de ciel étoilé.

(*Applaudissements.*)

BARKA

Et nuit et jour m'a suivi
sereine,
la sagesse du Baobab, au front d'ancêtre, le
vieil arbre à maximes.

UN INVITÉ

Nous sommes heureux de constater que l'Occident n'a pas substitué une âme métallique
à notre âme originelle.

UN INVITÉ

Et surtout que vous savez vibrer au rythme
profond des choses sans rythme.

BARKA

Que j'ai hâte de goûter à cette vie lente,
lente qui se déroule comme un long poème sur
le fleuve lent des jours, bercée, tendrement
bercée, du matin au soir par le tam-tam, le
balafong et les rhapsodies des griots.

UN INVITÉ

Et n'oubliez pas, monsieur Barka, les palmiers qui chuchotent, la brise qui murmure,
les grillons qui bercent le silence. O le silence
profond où bat le cœur des êtres et des choses !

BARKA

Se fondre, oui messieurs, se fondre dans cette

unité première qui unit notre peuple à la nature.

(*Applaudissements.*)

Le retour... oui, mes amis, vous ne pouvez pas comprendre ce que cela représente pour moi, vous ne pouvez pas comprendre mon vœu de retour tant de fois murmuré à demi-mots, aux vols d'étoiles, les soirs...

UN INVITÉ

Maintenant que vous avez comme Ulysse...

BARKA

Je vous en prie, je vous en prie, faites quelque chose de moins occidental, de plus naturel... trouvez une expression locale.

(*Un temps.*)

Vous ne connaissez pas d'expression locale ?

NINA

On pourrait dire : maintenant que tu es de retour comme un lièvre dans son terrier...

UN INVITÉ

Ou bien, maintenant que tu es de retour comme une fourmi dans sa fourmilière...

UN INVITÉ

Ou bien encore : maintenant que te voilà de

retour comme une abeille laborieuse ayant butiné sur le grand front de l'Occident, que comptes-tu faire ?

BARKA

Connaître plus directement mon peuple et le servir.

(*Un temps.*)

Quelqu'un peut-il faire marcher les climatiseurs ? Ah ! Nina tu me parlais d'une surprise...

NINA

Un peu de patience, mon cher Barka.

(*Aux boys.*)

Garçons, faites-les entrer.

SCÈNE 2

(*Entre une équipe de musiciens et de danseurs, masqués, torses nus, etc... Les invités sont à l'écart, dans leur fauteuil, confortablement assis. Dès que les musiciens entrent, on applaudit.*)

NINA

Mesdames et messieurs, ces musiciens et ces danseurs que voici, vont exécuter pour notre grand plaisir et surtout pour celui de notre cher Barka, une de ces danses qui font la valeur de notre civilisation.

UN INVITÉ

La danse ! Nous sommes avant tout les hommes de la danse !

(*Applaudissements.*)

NINA (*Aux musiciens.*)

Vous pouvez commencer.

23

(*Musique et trémoussements des danseurs.*)

Comment ? Nous restons assis ? Vous l'avez dit, nous sommes avant tout les hommes de la danse. Dansons plutôt !

(*Mêlée générale sur la scène. Danseurs torse nu, invités en costume traditionnel, smoking et cravate.*)

UN INVITÉ

Mesdames et messieurs, faites éclater la joie de vivre de nos ancêtres. Vive le retour aux sources ! Et que le whisky et le champagne coulent à flot !

(*Applaudissements.*)

SCÈNE 3

(Les musiciens et les danseurs sont partis. Les invités à l'arrière-scène. A l'avant-scène Barka, le regard pensif, l'air troublé. Il tient un verre à la main. Nina s'approche.)

NINA

Alors, Barka, te voilà tout pensif.

BARKA

Ce n'est rien, Nina.

(Un temps.)

NINA

Toi, je suis certaine que quelque chose te tracasse. La danse traditionnelle t'aurait-elle déplu ?

BARKA

Mais pas du tout, Nina.

NINA

Alors pourquoi cette tête d'enterrement ?

(*Un temps.*)

BARKA

C'est... c'est à cause de cette femme...

NINA

Déjà ? Il y a ici des femmes de grande classe qui sont prêtes à accourir au moindre signe, dis-moi seulement laquelle et...

BARKA

Non, Nina, ce n'est pas de cela qu'il s'agit.

NINA

Et de quoi donc ?

BARKA

Tout à l'heure je me suis arrêté de danser. En m'asseyant sur le fauteuil là-bas. (*Désignant un angle du salon*). J'ai vu sur la tablette une photo...

NINA

Une photo ?

BARKA

Oui, celle d'une espèce de... de paysanne, photographiée dans une immense plaine, entre des buissons — des épineux m'a-t-il semblé. C'est une... paysanne aux longs cheveux, au teint apparemment un peu clair, belle incontestablement mais... il y a quelque chose qui m'échappe, quelque chose que je ne comprends vraiment pas.

NINA

C'est la photo de ma cousine Zirega. Je l'ai prise lorsque je suis allée lui rendre visite au village mais je ne vois pas ce qu'elle peut avoir de troublant. Et puis qu'est-ce qui t'a troublé, c'est ma cousine ou bien ce sont les épineux ?

BARKA

Ta cousine... les deux peut-être...

NINA

Et pourquoi donc ?

BARKA

C'est très difficile à expliquer.

NINA

Essaie toujours.

BARKA (*Réfléchissant.*)

Vraiment je ne sais pas comment.

NINA

Mais essaie toujours.

27

BARKA

Parce que... c'est très difficile à dire...

NINA

Voyons, Barka...

BARKA

Il y a en elle une sorte de...

NINA

De quoi ?

BARKA

Une sorte de... de cri.

NINA

De cri ?

BARKA

Oui, c'est cela, de cri.

NINA

Voyons, mon cher Barka !

BARKA

C'est ridicule, n'est-ce pas ?

NINA

Disons que ça n'a pas de sens, mais alors vraiment pas de sens. Mon cher Barka, si au moins ma cousine avait l'air triste ou effrayée je comprendrais, mais telle que je l'ai prise elle était tout à fait dans son état normal, alors...

BARKA

Mais il ne s'agit pas de son... aspect, Nina. Non, c'est quelque chose d'autre, de plus profond...

NINA

Mais quoi donc ?

BARKA

Quelque chose que je n'arrive pas à comprendre mais que je sens, tu comprends, que je sens.

NINA

Et puis un cri, mon cher Barka, c'est audible.

(*Riant.*)

Pas visible.

(*Riant.*)

BARKA (*Criant.*)

Mais comment qualifier cette beauté d'épine !

(*Subitement calme.*)

... Une beauté d'épine... j'ai dit une beauté d'épine ? Une beauté d'épine...

(*Avec émotion.*)

Maintenant, je crois que je peux t'expliquer. Ce qui m'a troublé c'est cette beauté d'épine, douloureuse, cette beauté faite non de clair de lune, mais de soleil !

(*Un temps.*)

Tu n'as pas remarqué ?

NINA

Hélas, j'ai les pieds sur terre, mon cher Barka. J'avoue que beauté de clair de lune et beauté de soleil et d'épine c'est un langage de poète. Je ne suis pas poétesse, moi.

BARKA (*Songeur.*)

Beauté de clair de lune qui a illuminé mes longues nuits d'Europe... Oui, Nina, la beauté de clair de lune c'est cette beauté nocturne, douce, tendrement poétique qu'on prête à nos femmes... fraîche, primitive, reposante...

NINA

Celle de ma cousine serait...

BARKA

Une beauté agressive... On ne peut pas la voir sans penser aux épines... à la fatalité.

NINA

Une beauté écrasante, tu ne trouves pas ?

BARKA

Non, pas écrasante. Et c'est ce qui fait peut-être sa beauté, ce je-ne-sais-quoi de farouche, d'ardent qui semble s'opposer au destin ; ce je-ne-sais-quoi d'épique qui s'exprime par un cri muet, une douloureuse romance... une beauté douloureuse.

NINA

Excuse-moi, mon cher Barka, mais je trouve que tu as beaucoup d'imagination, de sensibilité ! Il y a longtemps que je connais Zirega, mais j'avoue que je ne lui ai rien trouvé de particulier.

(*Riant.*)

J'étais loin de penser qu'on pouvait lire en elle toute une épopée !

BARKA

Zirega... je t'en prie, Nina...

NINA

Eh bien quoi donc ?

BARKA

Tu ne refuseras pas, n'est-ce pas ?

NINA

Mais quoi donc ?

BARKA

De... de me la faire connaître.

NINA

Mais rien de plus facile, mon cher Barka !
Prépare-toi seulement à faire un petit voyage.
Pour l'instant je te laisse à tes rêveries. Il faut
que je m'occupe des invités.

(*S'en allant.*)

Mais je suis quand même curieuse de savoir
pourquoi tu sembles tant t'intéresser à elle.

(*Riant.*)

...Ce n'est pas indiscret ?

BARKA

Je ne sais pas... Peut-être que je voudrais
la... la voir sourire.

NINA

Sourire ?

BARKA

Oui, sourire.

NINA

Décidément... je te préviens que ma cousine
Zirega est une personne intraitable. Elle entend, selon ses propres termes, vivre en marge

des idées reçues, mais j'espère que tu ne feras pas attention à ses lubies.

(S'en allant.)

BARKA (Pensif et troublé.)

Zirega...

SCÈNE 4

(*Barka reste seul à l'avant-scène. Arrive un homme, allure d'ivrogne, une bouteille à la main : Nyobé.*)

NYOBÉ

Jeune homme, je vous salue.

BARKA

Salut.

NYOBÉ

Savez-vous qui je suis ?

BARKA

Je viens d'arriver et...

NYOBÉ

Un ivrogne.

BARKA

Pardon ?

NYOBÉ

Je suis un ivrogne.

BARKA

Je...

NYOBÉ

Dites-moi : Nyobé vous êtes un ivrogne.

BARKA

Excusez-moi, mais vraiment je...

NYOBÉ

Dites-moi : Nyobé vous êtes un ivrogne.

BARKA

Si vous insistez.

NYOBÉ

J'insiste.

BARKA

Eh bien Nyobé, vous êtes un ivrogne.

NYOBÉ

Dites : un pauvre ivrogne.

BARKA

Vraiment...

NYOBÉ

Je vous en supplie, jeune homme.

BARKA

Un pauvre ivrogne.

NYOBÉ

Merci. Alors cela ne vous ennuiera pas de causer avec un ivrogne ?

BARKA

Voyons, monsieur...

NYOBÉ

Savez-vous, jeune homme, que vous m'êtes très sympathique.

BARKA

Je vous remercie.

NYOBÉ

Vous ne demandez pas pourquoi vous m'êtes sympathique ?

BARKA

J'espère que vous allez me le dire.

NYOBÉ

Eh bien, jeune homme, vous m'êtes sympathique parce que vous avez l'air bête et naïf.

BARKA

Monsieur !

NYOBÉ

Vous vous mettez en colère ?
(*Applaudissant.*)

C'est la première fois que j'applaudis en y mettant du cœur ! Jeune homme, de nos jours, peu de gens savent se mettre en colère ? C'est une question de hiérarchie — mais vous savez bien, je pense, que selon notre chère tradition, les cadets doivent obéissance et respect aux aînés — obéissance... Et quelle importance, je vous le demande si l'âge est remplacé par la fonction ? Oui, monsieur, obéissance. Peut-être que bientôt vous ne vous mettrez plus en colère, vous non plus.

(*Un temps.*)

« J'admire ton courage et je plains ta jeunesse » Vous n'aimez pas cela, mais je m'en moque moi, vous savez, de ces farces d'antiminijupiste, aussi, je vous dis, moi, j'admire ton innocence et je plains ta jeunesse.

(*Un temps.*)

Et savez-vous pourquoi je vous admire et je vous plains ? Parce que vous me rappelez ces plantes que j'importe, oui que j'importe parce que moi aussi, vous savez, je suis un lâche. Au début elles poussent bien, comme si elles avaient hâte de goûter au soleil des tropiques. Et quand elles le goûtent, le soleil des tropiques, savez-vous ce qu'elles deviennent ? Elles deviennent comme des... jeune homme avez-vous vu des épines ?

BARKA

Des épines ?

NYOBÉ

Oh, je ne parle pas de ces épines élégantes, petites, délicates et, mon Dieu, si fines des roses, mais de vraies épines.

BARKA

Je ne vois vraiment pas...

NYOBÉ

Il y en a de toutes les tailles, de vrais instruments de bourreaux : cela varie des petites boules hérissées d'une multitude de pointes jusqu'à celles, grosses comme la moitié d'une main d'adulte. Il y en a des verdâtres, des rosâtres, des noirâtres, des grisâtres ; il y en a de blanches comme des os, mais alors celles-là, longues, longues et effilées...

BARKA

Je ne vois toujours pas pourquoi...

NYOBÉ

Parce que quand vous les verrez, jeune homme, vous changerez.

BARKA

C'est-à-dire ?

NYOBÉ

Ou bien vous bêlerez comme une chèvre...

(*Bêlant.*)

... Vous vous engraisserez gentiment, tranquillement, délicatement, en chantant la beauté de la lune...

(*Bêlant.*)

BARKA

Ou bien ?

NYOBÉ

Ou bien vous deviendrez une brebis galeuse.

BARKA

Est-ce tout ?

NYOBÉ

Non, ce n'est pas tout.

(*Brutalement.*)

Ou bien vous deviendrez un diplômé es-ivrognerie !

(*Un temps.*)

Savez-vous qui je suis ?

BARKA

Je vous ai dit que...

NYOBÉ

Un diplômé.

BARKA

Comment ?

NYOBÉ

Oui monsieur, un diplômé, monsieur, un diplômé, diplômé de tous les diplômes possibles, un diplômé plus diplômé que vous parce que moi, jeune homme, je possède aussi un diplôme de... vous ne demandez pas de quoi ?

BARKA

De quoi ?

NYOBÉ

Un diplôme d'ivrognerie. Non, ne partez pas.

(*Un temps.*)

C'est beau ce que vous avez dit tout à l'heure, jeune homme... servir mon peuple... vraiment très beau... Vous êtes jeune, frais émoulu des universités, bourré comme on dit ici, bourré de diplômes...

(*Fort.*)

mais voilà, bourré ! ce qu'on veut ici, en Makarie, ce ne sont pas des individus bourrés mais des gens qui ont de l'expérience, mais des gens intelligents qui savent... Attendez, je vais vous faire un cours plus efficace que tous les cours que vous avez suivis...

> (*Il pose sa bouteille et joignant les gestes à la parole...*)

Pour être un grand homme en Makarie, pour s'élever on n'a pas besoin de porte-plume, mais de ramper. Il faut se courber, s'agenouiller... se tapir ; attendre son heure ; gambader... ramper... s'aplatir...

> (*Sortant sa langue face au public.*)

lécher...

> (*Prenant sa bouteille.*)

... Viens, ma bouteille, nous allons dormir. Ah ! dormir ! Dormir ! Dormir !

> (*Un temps.*)

BARKA

Pour s'élever il faut ramper ! Un ivrogne. Les épines... les épineux... Zirega, la mystérieuse Zirega au nom épique. Mais pourquoi les épines ?

> (*Il s'en va.*
> *Le rideau tombe sur Nyobé couché, ivre-mort.*)

FIN DE L'ACTE I

ACTE II

SCÈNE 1

(Un village. Cases dispersées. Des épineux tout autour. Le soleil. Face au public, une case en paille. Le père est debout, un bâton à la main. Zirega balaie les épines. Ils ont les pieds nus. Des villageois vont et viennent, pieds nus également. Dans le fond on devine une immense plaine. Il pèse sur l'ensemble une sorte de fatalité, une immense injustice. De très loin parvient le son d'une flûte, comme une douloureuse romance...)

LE PÈRE

Maudites épines ! On dirait qu'elles reviennent chaque fois qu'on les balaie.

ZIREGA

On les balaiera, mon père.

LE PÈRE

C'est le vent qui les ramène.

ZIREGA

Cela ne fait rien, mon père, on les balaiera.

LE PÈRE

Laisse-moi t'aider, ma fille.

ZIREGA

Non, mon père, tu en as balayé beaucoup.
Maintenant c'est mon tour.

LE PÈRE

Il faut quand même te reposer, Zirega.

ZIREGA

Il n'y a pas de repos, mon père, il n'y a pas
de repos, tant qu'il y aura une seule épine dans
notre village.

LE PÈRE

Et que pouvons-nous, ma fille, contre le soleil et les épines ?

ZIREGA

Balayer, mon père, toujours balayer, c'est
toi qui me l'as appris.

LE PÈRE

Et tu n'as pas peur du soleil et des épines,
Zirega ?

ZIREGA

Non, mon père, je n'ai pas peur du soleil et des épines.

(*S'arrêtant de balayer.*)

LE PÈRE

Tu ne balaies plus, Zirega ?

ZIREGA

Une épine m'a piquée.

LE PÈRE

Elles réagissent.

ZIREGA (*Balayant.*)

Mais elles s'en iront, mon père, elles s'en iront.

LE PÈRE

Ma fille, va nous chercher de l'eau au puits, je vais balayer.

(*Il prend le balai.*

Zirega fait semblant de partir.)

Mais dis-moi, ma fille, crois-tu réellement que les épines s'en iront ?

ZIREGA

Oui, mon père, je le crois réellement.

(*Elle s'en va.*)

LE PÈRE

A nous deux, maudites épines !

(Il se met à balayer, les épines reviennent.)

SCÈNE 2

(Le père en train de balayer. Arrivent Nina élégamment vêtue et Barka, tenue très décontractée, costume traditionnel, chaussures légères, etc...)

NINA *(de loin.)*

Tu te fatigues pour rien, mon oncle, tu vois bien qu'elles reviennent, ces épines.

LE PÈRE

Haou ! Voyez-moi ça, Nina !

NINA

Bonjour, mon oncle.

LE PÈRE

Bonjour, Nina.

(Un temps.)

Et ce jeune homme-là, où se croit-il donc pour porter des chaussures comme ça ?

(*A Barka.*)

Faites attention où vous mettez les pieds, les épines...

(*Le père balaye.*)

BARKA

Nina a raison mon... oncle, vous ne pouvez rien contre ces épines ; autant vous arrêter de balayer.

LE PÈRE

Qu'en savez-vous, jeune homme ? Si je ne le fais pas, nos petits-fils le feront, eux.

(*S'arrêtant de balayer.*)

Mes petits-fils... Ah ! j'aimerais voir ça ! Ce grand terrain sale se couvrir d'arbres, des rivières pour tout le monde... de la verdure... Et pas seulement deux ou trois mois par an, mais toujours !

NINA

Tant qu'il y aura ce soleil, mon oncle...
(*Riant.*)

On ne lutte pas contre le destin, n'est-ce pas, mon oncle ? Ces épines...

LE PÈRE

Et ce que vous dites à la radio, ma cousine, vous n'y croyez pas tellement, n'est-ce pas ?

Les discours c'est autre chose, mon oncle, c'est autre chose. Il n'y a rien en Makarie, rien. Et ces épines seront toujours là, seuls les entêtés pensent qu'on peut en venir au bout. Les gens intelligents se ménagent un petit quelque chose...

LE PÈRE

Dis donc, Nina, qui est ce jeune homme ?

(*A Barka.*)

Vous avez l'air bouleversé, jeune homme, une épine vous aurait-elle piqué ?

(*Riant.*)

C'est si délicat, ces messieurs de la ville ! Et quand je vois, moi, ces images de vieux que vous montrez aux enfants à l'école, assis sur une chaise longue, sages et nobles... Je me dis : mais ont-ils seulement été piqués, même une seule fois, par les épines, ces gens-là ? Parce que, figurez-vous, jeune homme, qu'en Makarie on n'est jamais assez vieux pour se reposer... Toujours balayer les épines...

NINA

Mon oncle, ce jeune homme est monsieur Barka, il revient d'Europe.

49

BARKA (*Timidement.*)

Bon... bonjour...

LE PÈRE

Bonjour. Et où se trouve-t-elle, cette Europe ?

NINA

C'est le pays des Blancs. Il voudrait goûter du bon lait de vache.

LE PÈRE

Il en a donc assez du lait en poudre ?

(*A Barka.*)

Est-ce que c'est vrai, jeune homme, que les Blancs font ça avec du crâne de chien ?

NINA (*Bas à Barka.*)

Ne pense surtout pas que c'est pour te vexer.

LE PÈRE

Nous n'avons même pas d'eau et vous demandez du lait ?

(*Montrant le ciel.*)

Regardez, là-haut, ce grand gourmand qui nous prend tout : nos vaches n'ont pas de lait ; il n'y a pas d'eau dans nos rivières, il n'y a pas de mil dans nos jarres.

BARKA

Le grand gourmand ?

50

LE PÈRE

Mais le soleil, jeune homme ! Il n'y a rien, rien d'autre que le soleil et les épines.

(*Un temps.*)

BARKA

Je... je voudrais savoir pourquoi ce village est si... si triste... si désert.

LE PÈRE

Pour la même raison, jeune homme, le soleil et les épines. Les hommes sont partis loin, loin, vers les terres du Sud. Les bœufs ne mangent pas les épines, n'est-ce pas ?

(*Un temps.*)

BARKA

Reviendront-ils ?

LE PÈRE

Ils reviendront. Ils reviennent toujours. Si les gens s'en vont, qui restera pour affronter les épines ?... Il faut rester. Ils étaient là, présents, eux, nos ancêtres.

NINA

Allons, Barka, ne fais pas cette tête. Mon oncle je ne vois pas Zirega.

LE PÈRE

Elle est partie chercher de l'eau, là-bas, au puits.

NINA

Tu peux t'entretenir avec le père, Barka, je pars à la rencontre de Zirega.

(*Elle s'en va.*)

LE PÈRE

Fais attention aux épines Nina. Le soleil dans le ciel, les épines sur terre...
(*Brandissant son bâton :*)
Ils ne nous auront pas !
(*Et la lointaine flûte...*)

SCÈNE 3

(Un puits, au milieu de la scène, dans une clairière. Des épineux tout autour. Le soleil dans le ciel. Des femmes plongent leur seau dans le puits et tirent interminablement un peu d'eau qu'elles vont verser dans leur canari. Dans le fond une immense plaine frangée d'un horizon d'arbres tourmentés, squelettiques.

On entrevoit un troupeau de bovins malingres.

Au loin, silhouette d'un berger jouant de la flûte. Il semble braver le ciel. Il s'appuie sur un long bâton et porte un énorme ngasaï, sorte de sombrero. Plus loin un long cordon de fumée monte vers le ciel.

Nina arrive.)

NINA

Zirega...

ZIREGA

Ma cousine !

NINA

Bonjour, ma cousine.

ZIREGA

Bonjour, Nina.

NINA

Alors, Zirega, toujours debout au milieu des épines ?

ZIREGA

A chacune sa vocation, ma cousine, toi assise, moi debout au milieu des épines, mais je vois que tu les a quittés, tes fauteuils de luxe.

NINA

Je suis venue respirer l'air de la campagne.

ZIREGA

Mais oui, ma cousine, l'air de la campagne, seulement tu ne dis pas correctement la formule, on dit : respirer l'air frais de la campagne. Vous souffrez en ville, n'est-ce pas ?

NINA

Et comment donc, ma cousine, les spectacles,

54

les réunions, les réceptions, les invitations...
C'est épuisant, c'est harassant, c'est assom-
mant !... mais j'avoue que je suis venue pour
te présenter quelqu'un... Dis donc, ma cousine,
que penses-tu de ma nouvelle robe ?

ZIREGA

Oh ! elle brille !

NINA

N'est-ce pas ? Si tu savais ce qu'elle m'a
coûté... Et ma bague-là, en diamants, regarde.

ZIREGA

Oh ! elle brille !

NINA

Et ce collier, ma cousine, tu penses peut-
être qu'il est moins beau que le précédent ?

ZIREGA

Oh ! comme il brille !

NINA

J'ai dit au bijoutier de me le faire en forme
de cœur, et l'idiot me l'a fait en forme de
serpent.

ZIREGA

Il te va très bien, ma cousine, tel qu'il est.

NINA (*Lui mettant le collier en main.*)

Prends-le, ma cousine.

ZIREGA

Nina...

NINA

Il t'ira très bien, ma cousine. Sais-tu, Zirega, que tu es une femme très belle ?

ZIREGA

La beauté, ma cousine...

NINA

Non, mais sincèrement, ma cousine sais-tu que tu es d'une très grande beauté ? Une beauté très... très piquante, même ?

ZIREGA

Quelle importance, ma cousine ?

NINA

Une très grande importance. La beauté peut mener loin. Quand on est belle on monte tout de suite. Et si tu te donnais la peine de paraître...

ZIREGA

Donne-moi ta main, ma cousine...

(*Prenant la main de Nina.*)

Tiens, prends ceci et serre-le bien fort : c'est ton serpent.

NINA

C'est-à-dire ?

ZIREGA

Il m'a mordu dans ce que j'ai de plus cher.

(*Un temps.*)

NINA

Ecoute, Zirega, il faut être de son temps. Nous sommes au temps moderne. La plus grosse bêtise que tu as faite, c'est de venir, avec toute l'instruction que tu as, te perdre dans ce... ce...

ZIREGA

Ce trou perdu.

NINA

Tout de même, Zirega, faite comme tu es, tu peux jouer un grand rôle en Makarie.

ZIREGA

Jouer un rôle ! Et qui te dit, ma cousine, que j'ai envie de jouer un rôle, moi, dans votre théâtre ?

NINA

Tout de même, Zirega, enterrer ta beauté dans ce... ce...

ZIREGA

Ce trou perdu ! Ayons au moins le courage de dire ce que nous pensons.

(*Un temps.*)

As-tu oublié que c'est dans ce trou perdu que tu es née ?

(*Ramassant la terre.*)

... Regarde cette terre... Oh ! non, ma cousine, je ne vais pas te jouer cette comédie de village heureux, idyllique, qu'on abandonne pour la ville, ici on souffre, ici on lutte. Regarde cette terre, as-tu oublié que c'est en la grattant, cette terre dure, que nos parents nous ont amenées à l'école ? La terre dure de ce trou perdu. Regarde ces maigres vaches, là-bas, les maigres vaches de ce trou perdu, nous avons bu de leur lait, oui, ma cousine, de leur lait. Mais comment peux-tu te rappeler tout cela, toi qui ne bois plus que du champagne et du whisky ? Toi qui joues un grand rôle ?

NINA

C'est bien, ma cousine, mais dans la vie il ne faut pas être trop rigide.

SCÈNE 4

(Barka et le père viennent se joindre à Nina et Zirega. Pour éviter les épines Barka marche comme un caméléon précédé du Père qui lui signale les épines.)

LE PÈRE

Voilà... Voilà, jeune homme. Attention encore une épine là-devant... posez plus loin votre pied... voilà !... Attention ! en voilà une autre... voilà. Encore une... voilà. Vous auriez dû apporter des chaussures plus résistantes.

(Ils rejoignent Nina et Zirega.)

NINA

Ma cousine, je te présente Monsieur Barka, né et grandi en Europe, qui nous revient... comme un lièvre dans son terrier.

ZIREGA

Bonjour.

NINA

Mon oncle, si tu me montrais un peu ce qu'elles deviennent, tes poules ?

LE PÈRE

Pour que tu en prennes une comme d'habitude ? Les pauvres bêtes, cela leur épargnera au moins la soif.

(*Ils s'en vont.*
La flûte.)

SCÈNE 5

*(Barka et Zirega restent seuls. Un
long silence.
On entend toujours la flûte.)*

BARKA

Vous... Vous ne dites rien ?

ZIREGA

J'attends.

BARKA

Vous attendez ?

ZIREGA

Que vous parliez.
(Un temps.)

BARKA

Beau... beau temps, n'est-ce pas ?

ZIREGA

Et vous êtes venu respirer l'air frais de la campagne.

(*Un temps.*)

Est-ce que vous y croyez réellement ?

BARKA

Quoi donc ?

ZIREGA

A ce que vous dites.

(*Un temps.*)

Le plus grand mal qui frappe la plupart de nos intellectuels et de nos grands hommes, voyez-vous, c'est de voir la réalité à travers des lunettes et des formules.

BARKA

Vous avez raison, l'Occident...

ZIREGA

Pas seulement l'Occident, vous savez.

(*Un temps.*)

Alors, peut-on savoir pourquoi vous avez fait tout ce voyage dans la chaleur ?

BARKA (*Rapidement.*)

Pour vous voir sourire.

ZIREGA

Pardon ?

BARKA

Et bien lorsque... j'ai vu votre... votre photo chez Nina... j'ai été très troublé et...

ZIREGA

Et vous avez eu envie de me voir sourire.

(*Un temps.*)

Doit-on comprendre cela comme une déclaration d'amour ?

(*Regardant autour d'elle.*)

... Cadre classique, n'est-ce pas ? Comme dans les romans : la fontaine... les paysannes sentant le parfum des bois et des fleurs... le beau jeune homme de passage... (*Fort.*) Otez vos lunettes et regardez bien autour de nous !

(*Un temps.*)

Si vous les ôtez, vous ne verrez rien, n'est-ce pas ? Regardez bien, autour de nous : des buissons hérissés de longues épines, blanches et effilées, qui semblent nous menacer, ici l'eau ne coule pas, il faut la chercher à des mètres et des mètres sous terre. Et nous toutes ici avez-vous senti qu'elle odeur nous dégageons ?

(*Fort.*)

63

La sueur ! Vous entendez, la sueur !

BARKA

Je... je vous assure que ce n'est pas une déclaration d'amour... c'est quelque chose que je n'arrive pas à m'expliquer moi-même.

(*Un temps.*)

ZIREGA

Eh bien, voilà.

(*Souriant.*)

... Je souris. Voilà. Vous avez la conscience tranquille ?

(*Un temps.*)

Ce qu'il faut voir sourire, voyez-vous, ce n'est pas moi,

(*Fort.*)

mais la terre ! Et comme elle ne veut pas sourire, notre terre à nous, il faut le lui imposer. Oui, imposer un sourire à la terre ! C'est à ce prix que vous aurez la conscience tranquille.

(*Un temps.*)

Au fond, vous êtes peut-être meilleur que les autres, ceux qui se contentent de voir la réalité à travers les théories, ceux qui se prélassent dans leurs duvets d'importation, calmes,

64

assis, béatement sereins. Aussi vous êtes troublé, parce que vous — au moins — vous avez entendu le cri de la savane.

BARKA
Le cri de la savane ?

ZIREGA
Oui, le cri de la savane.

(*Un temps.*)

Pour l'entendre, le cri de la savane, il faut se défier de cette poésie de clair de lune et de berceuse, de tam-tam et de balafong, insouciante et pastorale.

(*Fort :*)

La poésie, chez nous, elle est faite de sable et de terre aride.

La poésie, chez nous, elle est faite d'épines et de tonnes et de tonnes et de tonnes de soleil !

(*La lointaine flûte.*)

L'art véritable, notre art doit laisser entendre clairement le cri de la savane.

Le cri de la savane fait de la sueur des générations.

Le cri de la savane sur les craquelures de la terre assoiffée.

Le cri de la savane courant à ras des rivières desséchées.

Le cri de la savane sur la carapace des tortues.

Le cri de la savane suspendu à la pointe des épines.

Et les mains rivées sur la strophe, rappeler à tout le monde le cri de la savane :

Sur les places publiques,
Dans les présidences de républiques,
Dans les salons de réception,
De révolution.

Toujours le cri, la savane, le cri de la savane.

(*La flûte.*)

En ce moment de notre histoire, si artiste, je devrais produire des œuvres qui ne seraient que belles, je ne le ferais pas. Mais faire quelque chose qui rende compte de la souffrance de tout un peuple aux prises avec un destin cruel, un immense cri inexprimé. Notre art doit faire peser sur chacun le poids d'une responsabilité.

Un seul cœur souffrant en Makarie, nous sommes tous coupables.

(*Fort.*)

Vous entendez une res-pon-sa-bi-li-té !

BARKA

Mais on ne lutte pas contre !... Je n'aime pas

66

parler de destin mais comment appeler ce soleil... ces épines, mais on ne peut rien faire Zirega !

ZIREGA

On doit lutter. Ceux qui se contentent d'une voiture et d'un frigidaire sont des déserteurs...

(*Méprisante.*)

... Des pauvres diables qui ne savent même pas ce qui fait leur grandeur. Ils portent sur eux la responsabilité du cri. Et notre art, c'est cela : un rappel.

(*Un temps.*)

Et ces masques et ces gazelles de cuivre qui ornent vos salons sont les symboles non d'un paradis perdu mais d'un paradis à faire, chaque jour, car en eux nos ancêtres, nos artistes, mettent un peu de leur rêve, leurs espérances... Ce qui fait leur valeur ce n'est pas leur beauté mais leur message, les exigences d'action.

(*Fort.*)

Oui, monsieur Barka, d'action ! Entre les mains de ceux qui ne voient en eux que des objets de contemplation, ils deviennent des ornements de salon, des cadavres de masques !

(*Un temps.*)

Retour aux sources... une belle chose, n'est-ce pas, la source ? De l'eau... de la verdure... On y pense avec le regret d'un paradis perdu. Vous y avez pensé, Monsieur Barka, le long des jours d'Europe. Eh bien ! regardez la Makarie : partout une terre ingrate, des épines partout. Vous trouvez de la place, vous, pour un paradis ?

(Fort.)

Il n'y a pas de paradis pour notre peuple ! Mais toujours un point d'ombre à conquérir sur les épines, mais toujours un puits à creuser dans le désert, mais toujours un peu de sa sueur à donner à la terre...

(La flûte.)

La source, voyez-vous monsieur Barka, elle n'est pas derrière, mais devant.

BARKA

Mais vous oubliez tous les maux dont on a accablé les vôtres, vous oubliez qu'il a fallu leur redonner leur âme, leur dignité, leur noblesse ; montrer ce qui fait la valeur, oui, ce qui fait la valeur des...

ZIREGA

Je vous en prie, monsieur Barka, allez couper une épine.

BARKA

Comment ?

ZIREGA

Une épine.

BARKA

Pourquoi une épine ?

ZIREGA

Je vous en prie.

(*Barka se dirige vers les épineux.*)

BARKA (*se baissant brusquement et criant.*)
Aîe ! Aîe ! mon pied !

ZIREGA

Horriblement présentes, n'est-ce pas les épines ?

Ce qui fait la valeur de notre peuple ce ne sont pas les chants, les danses et les torses nus :

Ce qui fait la valeur de notre peuple, ce n'est pas d'appartenir à une race d'enfants-rois.

Ce qui fait la valeur de notre peuple ce n'est pas de porter la pureté du monde.

La valeur de notre peuple c'est avant tout cela : supporter les épines sans crier.

La valeur de notre peuple, c'est cette vaste épopée faite de sueur et de cri absent, de soleil et d'épines et de cri absent.

Le Silence...

Le mur de silence d'un pied nu posé sur les épines.

Le silence souverain de mon peuple à la face du soleil, plus fort que le soleil !

(*La flûte.*)

Et le seul, le vrai héritage de nos ancêtres, c'est d'aller droit devant soi, bravement, sans s'arrêter, et toujours et toujours plus droit devant soi, bravement sans s'arrêter.

(*La flûte.*)

Sans s'arrêter, malgré les épines !

(*La flûte.*)

Et la nature, vous l'avez vue, la nature ? Vous comprenez maintenant qu'il faut absolument couper le cordon ombilical avec lequel on veut nous attacher à la nature ?

Vous voulez communier avec les épines ? Regardez-les courir à nos pieds, regardez-les dresser leur pointe effilée, elles sont présentes partout, dès qu'on leur tourne le dos, elles arrivent. Nous n'avons rien de commun avec les épines et quel que soit le moyen employé il n'y aura entre nous qu'un rapport de lutte. Il faut chasser de la Makarie la plus petite épine, imposer un sourire à la terre !

(La flûte.)

Prenez cette épine et gardez-la toujours sur vous, elle vous rappellera où est votre véritable tâche. Chasser les épines, voici votre premier devoir. Et quand vous apprendrez à ne pas crier, vous serez digne de notre peuple.

(Ils s'en vont.)

(Barka marche sans prendre garde aux épines. Une tortue assoiffée se traîne au soleil, une nuée d'épines s'abat sur la scène.

Le vent souffle.

Et la lointaine flûte toujours présente...

Laisser durer un peu la mélodie.)

FIN DE L'ACTE II

ACTE III

SCÈNE 1

(Tout se passe à l'arrière-scène, faiblement éclairée. Les invités élégamment vêtus vont et viennent. Les costumes savamment mis en valeur par l'éclairage, jettent des feux, donnant à l'ensemble l'aspect d'un charmant ballet de lucioles. Le tout est agrémenté d'une musique de fond, lointaine, douce et discrète.)

(Barka se tient à l'écart.)

NINA

Du champagne, mon cher Barka ?

BARKA

Merci, Nina, mais tu sais que je ne prends plus d'alcool.

NINA

Ah oui ! Excuse-moi, j'oublie toujours. Et vous, inspecteur ?

L'INSPECTEUR

Du whisky, ma chère Nina.

NINA

Garçon, un verre de whisky à monsieur l'Inspecteur. Et vous, Nyobé, un verre de whisky comme d'habitude ?

NYOBÉ

Du whisky, Nina, mais pas un verre, donne-moi toute la bouteille.

NINA

C'est très gentil à vous d'être venu, Inspecteur...

L'INSPECTEUR

Merci Nina, mais j'avoue que c'est par je ne sais quel hasard...

UN INVITÉ

Alors, Monsieur Barka, vous ne dites rien ce soir ?

LES INVITÉS

Faites-nous donc de ces charmantes phrases dont vous avez le don.

Faites donc retentir dans nos cœurs les accents profonds de la nature.

Nos campagnes belles, étendues au grand soleil, ne vous inspirent-elles plus ?

Et la belle gazelle aux grands yeux dansant au rythme du tam-tam, là-bas, sous la lune ?

Et la lune laiteuse glissant en silence sur son siège de ciel serein ?

Et la source lointaine où les troupeaux vont boire, qui sanglote, sanglote dans les bocages ? Et les oiseaux qui chantent ?

Et les paysannes parfumées aux jambes de tziganes qui vont nageant, légères, flottant comme des fleurs parmi les nénuphars ? Hein, qu'en dites-vous ?

NYOBÉ (*Applaudissant.*)
Très beau ! Très beau !

(*Dansant.*)

Et les paysannes parfumées aux jambes de tziganes...

(*S'arrêtant.*)

... Mais je préfère boire.

(*Buvant.*)

UN INVITÉ
Et vous, Barka, qu'en dites-vous ?

C'est très beau.

(*Fort.*)

Mais ce qu'il faut aimer en Makarie, ce ne sont pas les arbres fleuris

Ce qu'il faut aimer en Makarie, ce ne sont pas les rivières qui coulent dans leur lit,

Ce ne sont pas les oiseaux qui chantent dans les bois.

Ce ne sont pas les animaux féroces ou délicats !

Ce n'est pas le ciel vide, vide de nuage, vide.

Mais les hommes !

Mais les marchands de toum (1), de matelas, de menthol-atum ? (2)

Mais les hommes qui souffrent, mais les hommes qui luttent...

Et quand on les aime, ces hommes-là, on les fait passer devant, on les fait passer devant

Et quand on les aime, ces hommes-là, on leur donne sa sueur, on leur donne son sang.

Vous chantez ?

Chantez !

---

(1) Petits oignons.
(2) Pommade pharmaceutique très répandue.

NYOBÉ

Prenez garde aux mots, jeune homme.

(*Un temps.*)

Venez, laissons chanter les oiseaux.

NYOBÉ

(Un temps.)

SCÈNE 2

(Au milieu de la scène. Les invités à l'arrière-scène. L'éclairage est sensiblement plus fort que précédemment. Barka et Nyobé, la bouteille à la main.)

NYOBÉ

Jeune homme, deux constatations : premièrement, vous ne buvez plus, deuxièmement vous restez à l'écart.

Une déduction : vous avez vu les épines.

Doit-on conclure que vous avez décidé d'être...

BARKA

La brebis galeuse.

(Un temps.)

NYOBÉ

Et à quoi cela vous avancera-t-il ? Les chiens aboient et la caravane passe.

78

BARKA

Mais ils aboient, monsieur Nyobé, ils ne bêlent pas, ils aboient.

(*Un temps.*)

NYOBÉ

Mais que pouvons-nous faire contre les épines, hein, que pouvons-nous ?

BARKA

Balayer, monsieur Nyobé, balayer.

NYOBÉ

Mais elles reviennent, elles reviennent toujours.

BARKA

Balayer, monsieur Nyobé, balayer.

NYOBÉ

Le destin a voulu que nous les ayons sur le dos, ces épines, on ne s'attaque pas au destin.

BARKA

J'ai compris qu'on peut le faire, monsieur Nyobé. Il suffit à un peuple de vouloir...

NYOBÉ

Le destin est plus fort que tout un peuple. Il est permanent.

BARKA

Un peuple, ce n'est pas seulement les hommes présents, mais aussi les hommes passés, les hommes futurs...

NYOBÉ

Mais jusqu'à quand ?

BARKA

Jusqu'à ce qu'il n'y ait plus d'épine.

NYOBÉ

Mais quand ?

BARKA

Quand il n'y aura plus d'épine.

(*Un temps.*)

Pour lutter contre le destin, voyez-vous, monsieur Nyobé, il ne faut pas grand'chose, il suffit d'une flûte...

(*Un petit temps.*)

... D'une simple flûte, pourvu qu'elle soit toujours présente.

(*Un petit temps.*)

Oui, monsieur Nyobé, toujours présente.

NYOBÉ

Une flûte... vous l'avez entendue vous aussi, cette douloureuse romance parmi les épines ?

BARKA

Oui, monsieur Nyobé. C'est la voix de tout un peuple qui refuse d'abdiquer. Il faut que nous aussi nous acceptions la lutte. Ne pas abdiquer, résister aux épines, coûte que coûte.

(*Un temps.*)

Le destin nous a placés dans un des endroits les plus déshérités de la terre. Nous mettrons notre honneur à défier le destin.

(*Un temps.*)

Certains ont bâti leur monde sur le sable, nous bâtirons le nôtre sur les épines.

NYOBÉ

Et quel sera ce monde, jeune homme ?

(*Un temps.*)

BARKA

Vous n'êtes pas de ceux à qui il faut promettre le paradis sur terre, n'est-ce pas ?

(*Un temps.*)

NYOBÉ

Les cités géométriques, les mécaniques. Voici ce qui nous attend : un monde métallique !

(*Un temps.*)

BARKA

Voyez-vous une autre issue, monsieur Nyobé?

(*Un temps.*)

Il n'y a pas d'issue. Le destin est présent dans l'acceptation aussi bien que dans le refus de la lutte. Choisissons la lutte. Je n'aime pas les cités géométriques, mais je ne crois plus à ce monde rythmique, mystique, fait de chants et de danses dont j'ai rêvé. Nous devons lutter. Nous devons tous lutter contre les épines, contre le soleil. Pour cela il faut ôter à ces invités là-bas...

(*Montrant les invités.*)

... Le moindre prétexte. Il ne suffit pas de parler de retour aux sources, de révolution culturelle, d'authenticité de porter un costume traditionnel, de changer de nom ou d'aimer le tam-tam, seul est digne de notre peuple celui qui a compris ce qui fait sa grandeur, qui sait la voir dans tout ce qu'il fait, même dans la présence stoïque d'une simple case au milieu des épines, celui qui accepte profondément de lutter contre les épines.

(*Un temps.*)

Et puisqu'ils ne veulent pas entendre le cri mais le tam-tam, faire taire le tam-tam ! Personne ne doit avoir la conscience tranquille tant qu'il restera une seule épine en Makarie.

(*Rêveur.*)

Et si un jour nous bâtissons un monde quel qu'il soit, il sera le nôtre, le produit de notre sueur, de notre travail, le travail de nos mains. Ce sera notre triomphe sur les épines.

NYOBÉ

Y croyez-vous réellement, jeune homme ?

(*Un temps.*)

BARKA

Cela est-il donc nécessaire, monsieur Nyobé ?

NYOBÉ

Les épines sont partout, ce ne sont pas seulement les obstacles visibles, ce n'est pas seulement cette nature à vaincre, mais ce je-ne-sais quoi de souterrain, cette force obscure, cette volonté anonyme que traduisent les intrigues, les égoïsmes, les haines tribales, les ambitions, un stupide accident... On ne lutte pas contre les épines !

BARKA

On luttera.

NYOBÉ

Mais jusqu'à quand ?

(*Un temps.*)

BARKA

Jusqu'à ce qu'il n'y ait plus d'homme.

NYOBÉ (*Buvant.*)

Vous ne buvez pas, jeune homme ? Je vous conseille de boire. Boire ! Boire !

(*S'arrêtant.*)

Nous sommes un peuple maudit, jeune homme. Il y en a parmi nous qui ont de la bonne volonté. Mais que pouvons-nous faire, noyés que nous sommes par ces *ânes alphabètes*, qui ne pensent qu'à leur grasse personne ? Boire ! J'admire ton courage et je plains ta jeunesse... Ah boire ! Boire ! Boire !

SCÈNE 3

(Toujours au milieu de la scène.)
(Nina rejoint Barka et Nyobé.)

NINA

Vous buvez trop, Nyobé.

NYOBÉ

Montrez-moi quelque chose qui vaille même un demi-verre. Je vous promets que j'arrêterai de boire. Tiens, notre Présidente du Comité de Libération.

(Arrive une femme en mini-jupe, perruque, lunettes noires, perchée sur des chaussures à talons hauts, flanquée d'un petit monsieur en smoking raide et digne, un sac à main en bandoulière.)

LA PRÉSIDENTE DU C.L.F.

Bonsoir tout le monde. Nina, vous êtes la fleur de la Makarie.

NINA

Madame la Présidente du C.L.F. ! Mon cher Barka il est inutile de te présenter madame la Présidente du Comité de Libération de la Femme, cette fine fleur de la nouvelle croisade, et monsieur Hibine, son illustre époux.

NYOBÉ

Le peuple ! Monsieur Hibine est député !

(*Aux invités à l'arrière-scène.*)

Venez applaudir, mesdames et messieurs, le peuple est parmi nous ce soir !

HIBINE

Et pas seulement ce soir, monsieur Nyobé, mais toujours et partout.

NYOBÉ (*aux invités qui se sont rapprochés.*)

Et qu'attendez-vous pour applaudir, vous autres ? Si on perd les bonnes habitudes où ira la Makarie ? Applaudissez, messieurs, applaudissez.

(*On applaudit.*)

NINA

La perle, Madame la Présidente, vous êtes la perle de la soirée.

LA PRÉSIDENTE

Et vous, ma chère Nina, vous en êtes la crème.

NINA

Il me faut reconnaître, Madame la Présidente, que votre tailleur bat le mien.

LA PRÉSIDENTE

Ma chère Nina, je vais vous montrer quelque chose...

(*Cherchant.*)

... Mon sac à main ? Où ai-je donc laissé mon sac à main ?

NINA

Votre mari...

LA PRÉSIDENTE

Ah oui...

(*A son mari.*)

Allez, donne-moi mon sac à main, toi !

HIBINE (*Tremblant,
embarrassé par la bandoulière du sac.*)

Attends que...

LA PRÉSIDENTE

Mais vite !

HIBINE

Mado...

LA PRÉSIDENTE

Vite !

HIBINE (*Débarrassé.*)

Voilà.

LA PRÉSIDENTE

Tu ne pouvais pas faire plus vite que ça ?

(*Cherchant dans le sac à main.*)

Mon poudrier... ma glace... voilà...

(*Sortant une feuille de papier.*)

Messieurs, dames, puisque vous êtes là, vous allez me faire part de vos impressions sur ceci.

NINA

Qu'est-ce donc, Madame la Présidente

LA PRÉSIDENTE

Le discours que j'ai préparé pour le Congrès annuel des femmes de Makarie.

NINA (*Applaudissant.*)

Chic alors, un discours !

(*Aux autres.*)

Mesdames et messieurs, nous allons compléter cette soirée par un plat inattendu : un discours !

(*Applaudissements.*)

Madame la présidente, avez-vous mis beaucoup de mots en « isme » et en « action » ?

LA PRÉSIDENTE
Et comment donc, ma chère Nina !

UN INVITÉ
Une tribune ! Il faut une tribune !

NINA
Je crois que nous allons arranger cela...

(*Aux boys.*)

Garçons, apportez la table de la salle à manger !

(*Ils apportent la table, on hisse madame la Présidente.*)

LA PRÉSIDENTE (*Ton emphatique.*)
Mesdames et messieurs, en ce moment de l'histoire où l'aigle de la civilisation monte de plus en plus haut vers les sommets ; en ce moment de l'histoire où les hommes de toutes les conditions, de toutes les nations et de toutes les générations s'élèvent au-dessus de leurs tribus, de leurs régions, de leurs pays et de

leurs continents, pour former une vaste communauté, d'un index accusateur, désignons la femme de Makarie et demandons : et toi, femme, que fais-tu pour l'avènement de la civilisation universelle ? Mesdames et messieurs, au nom du Comité de Libération de la Femme, seul organe représentatif de la Makarienne, nous avons l'honneur de répondre à cette ténébreuse, scabreuse, épineuse et litigieuse question.

(*Un petit temps, puis avec véhémence.*)

Oui, disons-nous à la face des retardataires et des obscurantistes, oui le temps est venu de rompre les amarres, le temps est venu de briser les préjugés à barbes séculaires, de sortir de cette gangue dans laquelle nous pataugeons. Des voix animées d'on ne sait quelles intentions viendront, bravant votre indignation, méprisant vos aspirations les plus légitimes ; des voix viendront, vous dis-je, ici même, sur cette tribune, bafouer, humilier, jeter l'anathème sur ce que le génie humain à créé de plus précieux, de plus noble, de plus grand...

(*Solennelle.*)

Je veux parler de la mini-jupe !

(*Un temps.*)

Oui, mesdames et messieurs ! la mini-jupe !
A côté d'elle qu'est-ce que la pénicilline ?
Qu'est-ce que la conquête de la lune ? Parce
qu'elle tend à réduire le vêtement à sa plus
simple expression ; parce qu'elle tend à éli-
miner les particularismes locaux, la mini-jupe
invite, par delà les frontières, par delà les
difficultés de toutes sortes qui jalonnent l'histoire de l'humanité, à la fraternelle et inalté-
rable communion de costumes, par laquelle
se reconnaît une véritble civilisation. Et le
plus beau costume de la femme de demain
c'est d'être sans costume. Considérez, messieurs, la profondeur du génie humain qui a
su retrouver par cette invention à la pointe
du progrès, la simplicité originelle de la femme de la savane. Et qui donc nous détrompera
si nous disons ici que cette tenue est le point
de rencontre de deux civilisations dans une os-
mose culturelle ?

(*Un temps.*)

Oui, mesdames et messieurs, le progrès c'est
la mini-jupe ! Le jour est venu où la Makarienne, libre, émancipée au plus haut point
de ses jambes, doit prendre place à côté de
ses frères pour les grandes œuvres nationales.

(*Un temps.*)

Et dans cette lutte où nous sommes engagés, si elle manque à son devoir, qu'on la conduise pieds et poings liés devant le tribunal de l'Histoire !

A bas les préjugés !

A bas les retardataires !

A bas les antiprogressistes !

Vive la mini-jupe !

> (*Applaudissements, acclamations.*)

L'ASSISTANCE (*En cœur.*)

Vive la mini-jupe !

> (*A ce moment une énorme femme empêtrée dans un immense costume traditionnel, cheveux tressés etc... qui crie depuis l'entrée...*)

LA FEMME

Non !

> (*Stupeur générale.*)

NINA

Madame la Présidente de la Ligue Anti Mini-jupe, Madame la Présidente...

LA PRÉSIDENTE DE L.A.M.J.

Non ! laissez-moi, j'ai mon discours, moi aussi, figurez-vous, et soyez persuadés que je ne reculerai jamais devant les suppôts de l'impérialisme et du néo-colonialisme !

> (*Avec de grands efforts on la hisse sur la table.*
>
> *La Présidente du C.L.F. est en bas.*)

Mesdames et messieurs, notre époque se caractérise par un grand point d'interrogation, qui va de la terre à la lune...

Chaque jour l'Occident montre à nos yeux scandalisés, les preuves évidentes des forces du mal à l'œuvre dans le monde, l'impérialisme chaque jour plus sournois, menace nos peuples. La Makarienne doit-elle rester indifférente ?

La Makarienne doit-elle accepter que l'on bafoue ce qu'elle a de plus noble, de plus précieux ? Je réponds oui ! Vous vous étonnez... de ce oui ?

> (*Un temps.*)

Vous vous étonnez, femmes de Makarie ? Et c'est pourtant vous, oui vous-mêmes, par votre complaisance, par votre refus de l'action énergique, vous-mêmes qui hypothéquez nos valeurs ! Et qui donc, je vous le demande, apprendra la danse aux robots ? Reprenant cette voix impérieuse de nos ancêtres, je dis non !

Non à l'impérialisme !

Non au néocolonialisme !

Non aux valets de l'impérialisme et du néo-colonialisme !

(*Un temps.*)

Et dans ce drame cosmique qui oppose les forces du bien et du mal depuis la création du monde, il est une arme, plus dangereuse que les mitraillettes, plus terrible que les tanks, plus horrible que les bombardiers, plus mons-trueuse que la bombe atomique...

Est-il nécessaire de nommer cette arme dia-bolique ?... mise au point par le plus mach... machiavélique des savants occidentaux ? Vous connaissez tous cette arme infernale : la mini-jupe !

(*Un temps.*)

Oui, mesdames et messieurs, l'impérialisme se cache sous la mini-jupe !

(*Méprisante.*)

Vous portez des mini-jupes... vous portez des perruques...

(*Fort.*)

Mais qu'avons-nous donc à envier à ce mon-de qui agonise sous l'acier ?

(*Un temps.*)

Femmes de Makarie, ressaisissez-vous ! Comme jadis nos ancêtres montés sur de fiers coursiers résistaient avec acharnement aux forces du mal, armées jusqu'aux dents, nous irons en guerre contre les mini-jupes. Vous, épouses vertueuses et silencieuses, protégez votre seigneur et mari ! Vous, mères nourricières, songez au danger qui guette vos enfants aux coins des ruelles !

(*Solennelle.*)

Et dans cette lutte gigantesque où nous sommes engagées, la Makarienne fera honneur à ses ancêtres, si nous manquons à notre devoir, qu'on crache sur nos tombeaux !

A bas l'impérialisme !

A bas le néocolonialisme !

A bas les valets de l'impérialisme et du néocolonialisme !

A bas la minijupe !

Vive le retour aux sources ! Vive la révolution culturelle !

(*Applaudissements, acclamations.*)

TOUS (*En cœur*)

A bas la mini-jupe !

(*Mouvement houleux de l'assistance.*)

PRÉSIDENTE DU C.L.F.

C'est de la mystification ! On veut mystifier le peuple de la Makarie !

95

LA PRÉSIDENTE DE L.A.M.J.

On ouvre les portes de la Makarie à l'impérialisme.

NINA

Mesdames les présidentes, peut-être qu'un dialogue franc et cordial nous permettra d'aboutir à un accord bilatéral mini-jupo...

UN INVITÉ

Madame Nina, vous qui êtes une modérée n'intervenez pas dans ce débat extrêmiste.

PRÉSIDENTE DU C.L.F.

Vive le Comité de Libération de la Femme !

LA PRÉSIDENTE DE L.A.M.J.

Vive la Ligue Anti Mini-Jupe !

PRÉSIDENTE DU C.L.F.

Madame la Présidente, pour être mini-jupiste il faut pouvoir porter la mini-jupe ; n'est-ce pas ?

PRÉSIDENTE DE L'A.M.J.

Ah ! parce que vous croyez, Madame la Présidente, que je suis trop grosse pour porter la mini-jupe. ?

PRÉSIDENTE DU C.L.F.

Les faits parlent d'eux-mêmes, Madame la

Présidente, le peuple de la Makarie est vigilant, on ne le mystifie pas facilement, Madame la Présidente.

LA PRÉSIDENTE DE L.A.M.J.

Et si je portais une mini-jupe, Madame la Présidente ?

PRÉSIDENTE DU C.L.F.

Vous seriez une mini-jupiste, Madame la Présidente ?

PRÉSIDENTE DE L.A.M.J.

Jamais ! Non mais tu vas voir, espèce de petit macaque !

PRÉSIDENTE DU C.L.F.

Macaque toi-même ! Non mais, voyez-moi cet hippopotame !

(*Mêlée générale, on se vole dans les plumes juste au moment où de l'avant-scène s'élève une voix de forge qui cloue tout le monde sur place.*)

LA VOIX

Arrêtez !

(*Tout le mode se fige : geste esquissé qu'on 'a pas fini, coups de poings immobiles dans l'air, bouches largement ouvertes d'où aucun son ne sort. Puis tout*

97

*se transforme en un garde-à-vous impec-
cable.)*

TOUS

Bonsoir, monsieur le...

NYOBÉ (*Criant*.)

A boire ! A boire ! A boire !

(*On se précipite vers l'avant-scène,
laissant Barka et Nyobé à l'écart.*)

SCÈNE 4

(A l'avant-scène très éclairée et à l'écart Barka et Nyobé, sa bouteille à la main. Les invités sont alignés, au garde-à-vous.

Devant eux, un homme gros, gras, coquet, bedaine d'Himalaya : Gorlok Il va. Il vient. Caresse les dames, tâte du doigt la bedaine des messieurs.)

GORLOK
Qu'est-ce qu'on dit, messieurs ?

TOUT LE MONDE (*En chœur.*)
Bonsoir, Monsieur le...

GORLOK
Pas de titre, pas de titre ce soir. Il est vrai que je suis l'un des hommes les plus importants de la Makarie, mais... nous sommes tous entre nous, n'est-ce pas ?

TOUT LE MONDE (*En chœur.*)

Bonsoir, monsieur Gorlok.

GORLOK

Bien. Alors Nyobé, on ne vient pas dire bonsoir ?

NYOBÉ (*Accourant.*)

Je viens, je viens monsieur Gorlok.

(*Il va, la tête basse, s'aligner avec les autres, tout en buvant son whisky.*)

GORLOK

Bien.

(*A Barka.*)

Et ce monsieur, là-bas ?

(*Un temps.*)

On ne vient pas se mettre avec les autres ?

BARKA

Je sors respirer.

(*Il sort.*)

GORLOK (*Caressant la Présidente de l'A.M.J.*)

On prend du poids, Madame de la L.A.M.J.

PRÉSIDENTE L.A.M.J.

La paix, monsieur Gorlok, la paix...

(*Ton emphatique.*)

Oui, cette paix et cette prospérité que vous, les grands hommes de la Makarie avez su, grâce à vos sacrifices, à votre lutte infatigable contre les forces terrestres et occultes...

GORLOK

Patriotique. Qu'en dit-on, madame la Présidente du C.L.F. ?

PRÉSIDENTE C.L.F.

Je suis entièrement d'accord avec mon amie, Madame la Présidente. Oui, vous les plus forts, les plus infatigables, qui avez su étouffer de vos mains de géants, les forces rétrogrades et souterraines...

GORLOK

Bien, vous êtes une patriote. Et vous, inspecteur ?

L'INSPECTEUR

Vous les grands hommes de la Makarie, les plus nobles, les plus puissants...

GORLOK

Bien. Et vous ?

UN INVITÉ

Vous les plus grands, les plus aimés, les plus adorés...

GORLOK

Bien. Et vous ?

UN INVITÉ

Vous, les plus vigoureux, les plus terribles, les plus terrifiants...

GORLOK

Très bien. Et vous ?

UN INVITÉ

Maîtres incontestés de la terre de Makarie, dieux...

GORLOK

Bien. Et vous, Nyobé ?

NYOBÉ

Heu... heu...

GORLOK

Alors, Nyobé ?

NYOBÉ

Les plus puissants... les plus nobles... les plus beaux...

GORLOK (*Emphatique.*)

C'est bien, c'est très bien, mesdames et messieurs, vous venez une fois de plus par votre courage à dire haut votre pensée, de montrer que la Makarie peut compter sur vous. Je

102

transmettrai au Grand Combattant votre patriotisme de ce soir.

(*Applaudissements.*)

Bien. Et si nous dansions, les enfants.

(*Entre cette scène et la suivante, on peut introduire une scène de danse voisine de la scène 2 de l'acte I.*)

SCÈNE 5

*(Les mêmes et Barka entré à l'impro-
viste.)*

BARKA

Bande de chacals !

(Stupeur générale, protestations.)

Oui, une bande de chacals, voici ce que vous
formez ici, vous en tête, comme de juste, monsieur Gorlok !

GORLOK

Faites attention à ce que vous dites !

NINA

Barka !

BARKA

Je répète Gorlok : vous êtes un chacal, Gorlok !

**PIECES EDITEES
DANS LA MEME COLLECTION**

Les œuvres éditées dans la série « Répertoire théâtral africain » ont été primées lors du concours organisé annuellement par l'O.R.T.F. en union avec les radiodiffusions du Burundi, du Cameroun, de Centrafrique, de la R.P. du Congo, de Côte d'Ivoire, du Dahomey, du Gabon, de Haute-Volta, de Madagascar, du Mali, de l'Ile Maurice, de Mauritanie, du Niger du Rwanda, du Sénégal, du Tchad, du Togo et du Zaïre.

Les lauréats reçoivent des récompenses en espèces : depuis la création du concours en 1968, ils se partagent chaque année 9 000 F (450 000 F CFA) de prix. En outre, leurs œuvres sont diffusées sur les antennes des Etats d'Afrique noire francophone et de l'Océan Indien

Achevé d'imprimer
sur les presses de l'imprimerie SEG
92320 Châtillon sous Bagneux

Numéro d'impression : 1063
Dépôt légal : 3e trimestre 1979

Achevé d'imprimer
sur les presses de l'imprimerie SEG
52320 Chatillon sur Beginnt

Numéro d'impression : 1063
Dépôt légal : 3e trimestre 1979

Barka !

BARKA

Les études en Europe, l'hiver, les privations... connaissez-vous tout cela, Gorlok ? Et comment pouvez-vous le connaître, Gorlok ? Vous êtes sorti de votre village pour trôner dans l'un des plus importants bureaux de la Makarie. Servir la Makarie.

Makarie d'applaudisseurs.

Makarie d'enfants de chœur.

Makarie de mini-jupiste, d'anti-mini-jupiste.

Tous, tant que vous êtes, messieurs les invités, griots en cravate, vous avez terni le sang des pur-sang !

Vous deux, mesdames les présidentes des mini-jupes.

(*S'approchant de la présidente du Comité de Libération de la Femme.*)

Vous Madame, de la Libération de la Femme ! Pour vous, le progrès de la Makarie, c'est d'abord votre villa, hein, votre voiture ? Et la Libération c'est d'avoir les jambes libres, n'est-ce pas ?

(*Parodiant.*)

Et le plus beau costume de la femme de

105

demain, c'est d'être sans costume. Oui, mesdames et messieurs, le progrès c'est la minijupe.

(*Un temps.*)

Le progrès, Madame la Présidente, le vrai progrès, ce n'est pas un grand vent de discours qui nous l'apportera, mais la sueur.

(*Un temps.*)

Savez-vous qui nous sommes ? De la chair à canon. Savez-vous qui nous sommes ? Des vendus aux Amériques... Savez vous qui nous sommes ?... des sous-développés. Nous sommes ceux qui ont versé leur sueur aux quatre points cardinaux. Ce que vous demandent ces millions de Makariens que menace chaque année la famine, c'est de verser votre sueur, de faire suer ce beau corps, ce corps que vous cachez si douillettement dans les corsages. Le progrès, c'est ça, Madame la Présidente : se mettre au soleil, pieds nus sur les épines, comme une vulgaire paysanne.

(*Rumeur — Protestations etc... Barka s'approche de la Présidente de la Ligue Anti-Mini-jupe.*)

Et vous, anti-mini-jupe. Vous voulez sauver notre civilisation qui se meurt, la tradition. Et

la tradition c'est ça : votre costume traditionnel, n'est-ce pas ?

(*Dansant :*)

C'est la danse, la danse hein, la danse ? Vous
êtes déchirée, vous regrettez le passé heureux
de notre civilisation, vous êtes déchirée, vous regrettez entre deux rasades de whisky ! Vous
êtes déchirée, hein, déchirée ? Et quelle diffé-
rence y a-t-il entre vous deux si ce n'est la mar-
que de vos voitures et de vos cigarettes im-
portées ? Ah ! cette cruelle farce !

PRÉSIDENTE L.A.M.J.

Vous délirez, Barka.

BARKA

Oui, Madame la Présidente, je délire.
Je délire, le délire de ceux qui marchent
pieds nus sur les épines,
le délire de ceux qui portent le poids de vos
soleil.
le délire de ceux qui portent le poids du
caprices.

Et, comme un bourreau, je battrai sur votre
dos endiamanté mon délire d'épines et de soleil.

Oui, Madame la Présidente et messieurs, et
si de bourreau je deviens martyr, investi pour
la transmission du cri, je cracherai sur vos
faces saupoudrées, bourreaux !

107

(*Rumeur.*)

(*Protestations.*)

GORLOK

Inspecteur, puisque vous êtes parmi nous, qu'attendez-vous pour faire votre devoir ?

L'INSPECTEUR

Monsieur Barka, au nom de la loi je vous arrête.

GORLOK

On ne peut porter impunément atteinte à nos institutions. Arrêtez-le !

BARKA

Je n'ai pas fini, Gorlok.

(*Il se dirige vers un des masques accrochés au mur.*)

UN INVITÉ

Le masque !

BARKA

Oui, le masque. Voici ce que j'en fais.

(*Il le brise sur le sol.*)

Vous en avez fait un traître.

GORLOK

Inspecteur, arrêtez-le !

NINA

Barka !

NYOBÉ

Barka !

BARKA (*Fort.*)
Des bourreaux !

GORLOK
Inspecteur, arrêtez-le !

LES INVITÉS
Barka !...
Barka !...
Inspecteur !

(*Les appels se multiplient.*)

BARKA (*Plongeant la main dans sa poche.*)
Attendez, Gorlok, vous allez voir...

L'INSPECTEUR
Ne bougez pas ! Sortez la main de votre
poche !

GORLOK
Arrêtez-le !

LES INVITÉS
Barka !
Barka !

NYOBÉ

Barka !

NINA

Barka !

UN INVITÉ

Inspecteur !

L'INSPECTEUR

Bougez pas ! Sortez la main de votre poche !
Bougez pas !

INVITÉS

Barka !
Barka !
Inspecteur !
Inspecteur !
Inspecteur !

> (*Les appels se multiplient. Coup de
> feu suivi d'un long silence.*
> *Barka est debout, du sang sur la poi-
> trine. Il chancelle. Nina et Nyobé accou-
> rent.*)

NINA

Barka !

NYOBÉ

Barka !

110

(Ils le soutiennent et l'étendent par terre, la tête sur les genoux de Nina. Silence.)

BARKA

Nina... je n'ai pas crié, n'est-ce pas ?

NINA

Non, Barka, tu n'as pas crié.

BARKA

Tu diras... à... Zirega que je n'ai pas... Je n'ai pas crié, n'est-ce pas ?

NINA

Je dirai à Zirega que tu n'as pas crié.

BARKA

Vous... vous pleurez, Nyobé ?

(Un temps.)

... Chez nous... on ne pleure pas... n'est-ce pas ?

NYOBÉ

Non, mon fils, chez nous on ne pleure pas.

BARKA

Au fond... vous l'aimez... n'est-ce pas, notre peuple ?

NYOBÉ

Oui, mon fils, j'aime notre peuple.

111

BARKA

Pro... profondément.

NYOBÉ

Je l'aime profondément.

BARKA

Alors... vous ne laisserez pas les épines...

NYOBÉ

Non, mon fils, je ne laisserai pas les épines remporter la victoire.

BARKA

Vous lutterez...

NYOBÉ

Je lutterai.

BARKA

Faites que... la lointaine flûte...

NYOBÉ

Elle n'abdiquera jamais, mon fils, non elle n'abdiquera jamais.

BARKA

Promettez...

NYOBÉ

On entendra toujours la lointaine flûte, dou-loureuse, mais elle sera toujours présente, notre romance, parmi les épines, malgré les épines !

BARKA

Alors... cassez la... la bouteille.

NYOBÉ (*Cassant la bouteille.*)

Voilà, mon fils, je casse la bouteille.

BARKA (*Souriant.*)

Alors... ma... ma mort ne... ne sera... pas... une victoire du... du destin.

NINA

Barka !

NYOBÉ

Mon fils !

(*Un temps.*)

NYOBÉ (*Bas.*)

Non, pas une victoire du destin.

(*Aux autres en soupirant.*)

Eh bien, voilà...

(*La scène reprend vie, on s'agite.*)

GORLOK

Vous avez vu ? Il allait sortir une arme de sa poche ! Il allait tirer. Il voulait m'assassiner !

Nyobé sortez le revolver de sa poche et montrez-le à tout le monde !

Un attentat !
Une tentative d'attentat !

(*Nyobé met sa main dans la poche de Barka, puis regarde longuement l'assistance.*)

GORLOK
Et qu'attendez-vous pour sortir cette arme, Nyobé ?

NYOBÉ (*Sortant sa main.*)
Eh bien, voilà messieurs, le voici votre revolver.

(*Stupeur générale.*)

INVITÉ
Une épine !
C'était une épine !

(*On répète le mot plusieurs fois.*)

GORLOK
Ce n'est pas possible ! ce n'est pas...

NYOBÉ
Fermez votre grande gueule, Gorlok !

114

Nyobé !

NYOBÉ
Fermez votre grande gueule, Gorlok !

GORLOK
Inspecteur !

NYOBÉ
Qu'attendez-vous pour tirer, Inspecteur ?

(*Il enlève sa veste, déboutonne sa che-
mise et montre sa poitrine.*)

Tirez, Inspecteur, voici ma poitrine ! Mais
tirez donc ! Tirez !

(*Un temps.*)

(*Bas.*)

Pourquoi l'avez-vous tué, Inspecteur ?

L'INSPECTEUR
Je... je ne sais pas. J'ai cru qu'il allait sortir
une arme... quelque chose...

NYOBÉ (*Bas.*)
On ne lutte pas contre le destin... Maudites
épines !

(*Les invités se retirent. Nyobé bran-
dit son poing.*)

115

On vous balaiera, maudites épines ! On vous balaiera !

> (*Il se retire près de Barka étendu par terre, comme une épine démesurément agrandie.*
>
> *Et la lointaine flûte...*)

Fin

PIECES EDITEES
DANS LA MEME COLLECTION

Les œuvres éditées dans la série « Répertoire théâtral africain » ont été primées lors du concours organisé annuellement par l'O.R.T.F. en union avec les radiodiffusions du Burundi, du Cameroun, de Centrafrique, de la R.P. du Congo, de Côte d'Ivoire, du Dahomey, du Gabon, de Haute-Volta, de Madagascar, du Mali, de l'Ile Maurice, de Mauritanie, du Niger du Rwanda, du Sénégal, du Tchad, du Togo et du Zaïre.

Les lauréats reçoivent des récompenses en espèces : depuis la création du concours en 1968, ils se partagent chaque année 9 000 F (450 000 F CFA) de prix. En outre, leurs œuvres sont diffusées sur les antennes des Etats d'Afrique noire francophone et de l'Océan Indien

Achevé d'imprimer
sur les presses de l'imprimerie SEG
92320 Châtillon sous Bagneux

Numéro d'impression : 1063
Dépôt légal : 3e trimestre 1979

Achevé d'imprimer
sur les presses de l'imprimerie SEG
à 92320 Châtillon sous Bagneux

Numéro d'impression : 1043
Dépôt légal : 3e trimestre 1979